Oscar Wilde

für Genießer

Herausgegeben von
Florentine Graf

GROH

Verschwenden wir nicht unsere kostbare Zeit mit zwanghaften Einschränkungen und schmerzhaftem Verzicht – schließlich lebt man nur einmal. „Versuchungen sollte man nachgeben. Wer weiß, ob sie wiederkommen!", meinte Oscar Wilde (1854-1900), Lebenskünstler par excellence. Seine besten Zitate sind ein amüsantes und spitzzüngiges Plädoyer für ein sinn- und genussvolles Leben. Die Fotos und Illustrationen in diesem Buch bieten Einblicke in wichtige Schauplätze seiner Biografie, während künstlerische Darstellungen seiner Stücke und stimmungsvolle Stillleben das Gefühl seiner Texte aufgreifen. Folgen wir also Wildes Rat, denn „Muße, nicht Arbeit, ist das Ziel des Menschen".

Ich kann allem widerstehen – außer der Versuchung.

Lady Windermeres Fächer

Der Kultivierte bedauert nie einen Genuss. Der Unkultivierte weiß überhaupt nicht, was ein Genuss ist.

Das Bildnis des Dorian Gray

Mäßigung ist eine verhängnisvolle Sache.
Nichts ist so erfolgreich wie der Exzess.

Eine Frau ohne Bedeutung

Ich habe einen ganz einfachen Geschmack:
Ich bin immer mit dem Besten zufrieden.

Nur die ganz Stumpfsinnigen sind beim Frühstück schon geistreich.

Ein idealer Gatte

Wildes Wohnhaus in London.

Die Kultur hängt von der Kochkunst ab.

Vera oder die Nihilisten

Die zivilisierte Gesellschaft … fühlt instinktiv, dass das Benehmen wichtiger ist als die Moral, und nach ihrer Meinung ist die höchste Ehrbarkeit von geringerer Bedeutung als der Besitz eines guten Küchenchefs. Und schließlich ist es in der Tat ein schwacher Trost, wenn man erfährt, dass der Mann, der einem ein schlechtes Diner oder miserablen Wein vorgesetzt hat, in seinem Privatleben tadellos dasteht. „Selbst die Kardinaltugenden können nicht mit beinahe kalt gewordenen Entrees versöhnen“, wie Lord Henry einmal in einem Gespräch über das Thema bemerkte; und es spricht sehr viel für seine Meinung.

Das Bildnis des Dorian Gray

Die Zigarette
ist das vollständige Urbild des Genusses:
Sie ist köstlich und lässt uns unbefriedigt.

Das Bildnis des Dorian Gray

Es waltet ein Verhängnis über guten Vorsätzen –
sie kommen immer zu spät.

Das Bildnis des Dorian Gray

Oscar Wilde in einer Fotografie von ca. 1890.

Unzufriedenheit ist
der erste Schritt zum Fortschritt;
für den Einzelnen wie
für die Nation.

Eine Frau ohne Bedeutung

Nichts kann
die Seele heilen als die Sinne,
so wie nichts
die Sinne heilen kann
als die Seele.

Das Bildnis des Dorian Gray

Wilde verbrachte die letzten 3 Jahre seines Lebens in Paris.

Bildung ist bewundernswert, aber man sollte sich von Zeit zu Zeit daran erinnern, dass wirklich Wissenswertes nicht gelehrt werden kann.

Der Kritiker als Künstler

Wilde besuchte in jungen Jahren die Portora Royal School in Enniskillen, Irland.

Wenn man ein Buch nicht mit Genuss
immer und immer wieder lesen kann,
lohnt es sich nicht, es überhaupt zu lesen.

Der Verfall der Lüge

Eine strenge und unumstößliche Regel,
was man lesen sollte und was nicht, ist albern.
Man sollte alles lesen. Mehr als die Hälfte
unserer heutigen Bildung verdanken wir
dem, was wir nicht lesen sollten.

Bunbury oder Ernst sein ist wichtig

ART
DRESS
BOOK

Wir leben im Zeitalter der Überarbeitung
und der Unterbildung, dem Zeitalter,
in dem die Menschen so fleißig sind,
dass sie völlig verdummen.

Der Kritiker als Künstler

Manchmal bin ich so geistreich, dass ich
nicht ein einziges Wort von dem verstehe,
was ich sage.

Die bedeutende Rakete

Musik ist der vollkommenste Typus der Kunst: Sie kann ihr letztes Geheimnis nie enthüllen.

Der Kritiker als Künstler

... aus Musik machte sie sich nicht das Mindeste, war jedoch Musikern überaus zugetan ...

Lord Arthur Saviles Verbrechen

Szene aus „Lord Arthur Saviles Verbrechen", ca. 1920.

Selbst die alltäglichsten Dinge sind reizvoll, wenn man sie nur verheimlicht.

Das Bildnis des Dorian Gray

Klatsch ist etwas Reizendes. Geschichte zum Beispiel ist im Wesentlichen nicht anderes als Klatsch. Skandalgeschichten hingegen sind ein durch Moralität verdorbener Klatsch.

Lady Windermeres Fächer

地球

Wenn eine Persönlichkeit
mich fesselt, wird
jede Form des Ausdrucks
an ihr zum Genuss.

Alle charmanten Leute sind verwöhnt,
darin liegt das Geheimnis ihrer Anziehungskraft.

Das Bildnis des Mr. W. H.

Salome in einer Darstellung von Aubrey Beardsley.

Wenn Männer aufhören zu sagen, was charmant ist,
hören sie auch auf darüber nachzudenken, was charmant ist.

Lady Windermeres Fächer

Der einzige Weg
eine Versuchung loszuwerden,
ist, ihr nachzugeben.

Das Bildnis des Dorian Gray

Satirische Darstellung von Oscar Wilde mit einer Dame.

Moral ist immer
die letzte Zuflucht von Leuten,
die die Schönheit nicht begreifen.

Die Wahrheit der Masken

Das Leben ahmt die Kunst
weit mehr nach
als die Kunst das Leben.

Der Verfall der Lüge

Die Seele kommt alt zur Welt, aber sie wird jung.
Das ist die Komödie des Lebens.
Und der Leib kommt jung zur Welt und wird alt.
Das ist die Tragödie des Lebens.

Eine Frau ohne Bedeutung

Ich würde alles auf der Welt tun,
um meine Jugend wiederzuerlangen,
außer Sport treiben, früh aufstehen
oder ehrbar werden.

Das Bildnis des Dorian Gray

Szene aus „Eine Frau ohne Bedeutung", ca. 1920.

Man sollte nie etwas tun,
worüber man nicht nach dem Essen
plaudern kann.

Das Bildnis des Dorian Gray

Gut erzogen zu sein ist heutzutage ein großer Nachteil.
Es schließt einen von so vielem aus.

Eine Frau ohne Bedeutung

Nichts ist so gefährlich,
wie das Allzumodernsein.
Man gerät in Gefahr, plötzlich
aus der Mode zu kommen.

Ein idealer Gatte

Mode ist, was man selber trägt.
Was unmodern ist, tragen
die anderen.

Ein idealer Gatte

Szene aus „Eine Frau ohne Bedeutung".

CARTE POSTALE.
centimes pour la même ville
conscription du même bureau : 15 centimes de bureau à bureau.
pour les PAYS ÉTRANGERS avec lesquels l'échange des Cartes
es est autorisé : 15 ou 20 centimes suivant la destination.
POSTES
10
RÉPUBLIQUE FRANÇAISE
Quand elle est destinée pour une
commune rurale, indiquer le nom du
bureau de poste qui la dessert.
Monsieur
Montparnasse

Reisen veredelt wunderbar den Geist
und räumt mit all unseren Vorurteilen auf.

Die bedeutende Rakete

Man sollte Anteil nehmen an der Freude,
der Schönheit, der Farbigkeit des Lebens.
Je weniger man von den Schattenseiten
des Lebens spricht, desto besser.

Eine Frau ohne Bedeutung

Wer in schönen Dingen
einen schönen Sinn entdeckt, hat Kultur.
Für solche besteht noch Hoffnung.

Das Bildnis des Dorian Gray

Sich selbst zu lieben ist der Beginn
einer lebenslangen Romanze.

Ein idealer Gatte

Ziel des Lebens ist Selbstverwirklichung.
Das eigene Wesen völlig zur Entfaltung zu bringen,
das ist unsere Bestimmung.

Das Bildnis des Dorian Gray

Leben – es gibt nichts Selteneres
auf der Welt.
Die meisten Menschen existieren,
weiter nichts.

Der Sozialismus und die Seele des Menschen

Wildes Geburtshaus in Dublin, Irland.

Es ist besser, sich über eine Rose zu freuen,
als ihre Wurzel unter das Mikroskop zu legen.

Die Wahrheit der Masken

Das Geheimnis des Lebens
liegt im Suchen nach Schönheit.

Nichtstun ist die allerschwierigste Beschäftigung
und zugleich diejenige, die am meisten Geist voraussetzt.

Der Kritiker als Künstler

Muße, nicht Arbeit,
ist das Ziel des Menschen.

Der Sozialismus und die Seele des Menschen

Oscar Wilde

Am 16. Oktober 1854 kam Oscar Fingal O'Flahertie Wills Wilde, Sohn des Augenarztes William Wilde und der Übersetzerin und Lyrikerin Jane Francesca Agnes Elgee in Dublin zur Welt. Er hatte einen älteren Bruder und eine jüngere Schwester.

1864-1871 besuchte Wilde das Internat Portora Royal School in Enniskillen, Irland; 1871-1874 studierte er klassische Literatur am Trinity College in Dublin; von 1874-1878 am Magdalen College in Oxford. Dort beeindruckten ihn die ästhetischen Ideale von Walter Horatio Pater und John Ruskin. Schon im College stilisierte sich Wilde als Ästhet und Dandy.

1879 zog er nach London; 1884 heiratete er Constance Lloyd, mit der er zwei Söhne hatte. Von 1887-1889 arbeitete Wilde für einige Zeitschriften; 1891 veröffentlichte er „Das Bildnis des Dorian Gray" und verfasste in den folgenden Jahren seine bekanntesten Werke, vorwiegend satirische Gesellschaftskomödien wie „Lady Windermeres Fächer", „Eine Frau ohne Bedeutung" und „Bunbury oder Ernst sein ist wichtig".

Wilde war für sein gesellschaftliches Leben fast so berühmt wie für sein literarisches Schaffen. Er ging recht offen mit seiner Homosexualität um, was 1895 zu einem öffentlichen Prozess gegen John Sholto Douglas, Marquess of Queensberry, den Vater seines Geliebten Lord Alfred Douglas (Bosie), führte. Im Mai 1895 wurde er zu zwei Jahren Gefängnis mit schwerer körperlicher Zwangsarbeit verurteilt.

Nach seiner Freilassung und gesundheitlich geschwächt flüchtete Wilde 1897 auf das europäische Festland und verbrachte die letzten 3 Jahre seines Lebens vorwiegend in Paris. Am 30. November 1900 starb er an den Folgen einer Hirnhautentzündung im Hotel d'Alsace in Paris.

Dichter & Denker

In der Reihe „Dichter & Denker“
sind bisher erschienen:

Goethe zum Glücklichsein
(ISBN 978-3-89008-471-8)

Schiller für gute Nerven
(ISBN 978-3-89008-470-1)

Shakespeare für Verliebte
(ISBN 978-3-89008-468-8)

Oscar Wilde für Genießer
(ISBN 978-3-89008-469-5)

Über die Herausgeberin:

Florentine Graf ist studierte Kunsthistorikerin. Nach längeren Aufenthalten in Rom und London zog es sie nach Wien, wo sie einige Jahre lang ein kleines Buchantiquariat leitete. Heute arbeitet sie als Publizistin und hat bereits zahlreiche Bücher herausgegeben.

Idee und Konzept: Groh Verlag GmbH & Co. KG

Bildnachweis:

Titel: Corbis und iStockphoto / Dale Taylor;
S. 1, 3, 46: picture-alliance / akg-images;
S. 2: Bettmann / Corbis;
S. 5: Getty / StockFood Creative / Lehmann / Koops;
S. 7: Getty / The Image Bank / Melanie Acevedo;
S. 8, 12/13, 17, 22/23, 32/33, 41: picture-alliance / KPA / HIP / The British Library;
S. 11: A. Kompatscher / f1 online;
S. 14: Getty / Stone / Ellen Dooley;
S. 19, 38: Jennifer Kennard / Corbis;
S. 21: iStockphoto / Kemie;
S. 25: Don Mason / Corbis;
S. 26: picture-alliance / 91020 / UA / WHA;
S. 29: picture-alliance / maxppp;
S. 31: Thom Lang / Corbis;
S. 35: Owen Franken / Corbis;
S. 36: Bettmann / Corbis;
S. 43: Clay Perry / Corbis;
S. 45: Getty / Stone / Guy Edwards;
Rückseite: iStockphoto / Dale Taylor.

ISBN 978-3-89008-469-5

www.groh.de

077007-4253-01

Ein Lächeln schenken

Geschenke sollen ein Lächeln auf Gesichter zaubern und die Welt für einen Moment zum Stehen bringen. Für diesen Augenblick entwickeln wir mit viel Liebe immer neue GROH-Geschenke, die berühren.

In ihrer großen Themenvielfalt und der besonderen Verbindung von Sprache und Bild bewahren sie etwas sehr Persönliches.

Den Menschen Freude zu bereiten und ein Lächeln zu schenken, das ist unser Ziel seit 1928.

Ihr

Joachim Groh

GROH